JN418908

잃어버린 그날

잃어버린 그날

초판 1쇄 발행 2023년 8월 14일

지은이 이원문

펴낸이 임병천
펴낸곳 책나무출판사
출판신고 2004년 4월 22일 (제318-00034)

주소 서울시 영등포구 신길3동 325-70 3F
전화 02-338-1228 **팩스** 0505-866-8254
홈페이지 www.booktree.info

© 이원문 2023
ISBN 978-89-6339-705-4 03810

*이 책의 판권은 지은이와 책나무출판사에 있습니다.
*양측의 서면 동의 없는 무단 전재 및 복제를 금합니다.
*잘못된 책은 바꿔드립니다.

잃어버린 그날

이원문 시집

책나무출판사

목차

1부

2부

3부

4부

• 1부 •

고향의 시간

꿈의 고향 바라보면
나 자란 흔적 보이고
타향에 보름달
그 시절 떠올린다

놀던 곳 다녔던 곳
부끄러워 숨었던 곳
저 달 안 내 동무들
나 찾느라 부르지 않는지

계절이 부르는 나 자란 고향
어머니 밥솥에 밥 넣어두고
내 동무들 논길 따라
소 몰고 들어온다

할머니의 고독

문 밖에 내리는 눈
하염없이 서글퍼라
쌓이고 쌓이는 눈
할머니의 세월 덮고
끼고 앉은 화롯불
남은 인생 태운다

엊그제 찔레꽃에
속아온 세월
모시 적삼에 흰머리
그 세월을 누가 아나
머리맡 담배 쌈지
담뱃대 찾는다

인생살이

하늘 한 번 못 올려보는
밤과 낮이 없는 세상
뜨는 해에 보이는 것
이것이 다 무엇인가
어두워도 그 어둠이
다 가리지 못하는 세상
어디에서 무엇을
얼마나 더 얻어 가나

지났으니 돌아보고
가야 하니 바라본 길
무엇을 바라보며
어디로 가고 있나
뜨는 눈에 낮이 되고
감으면 밤인 인생
채울 그릇 어디에 두고
불 밝히며 살아야 하나

막내의 설

아이들이 알겠나
어른들의 마음을
뺑튀기 영감 떠난 뒤
그 한 줌에 눈물나고
쌀독 거미줄에
서러움 걸친다

섣달 그믐 새아침
소리치는 중돼지
얻어온다는 장래쌀
애아범 언제 오나
다가온 초하루
마당 끝에 서성인다

달력의 흔적

달력 날짜 짚으며 가야 하는 길
남겨질 나의 흔적 어떻게 남겨질까
돌아보면 아무것도 지워져 없어지고
흐려진 몇몇 기억만 년도 바뀌어 떠오른다

다 지나면 이렇게 흐려지는 것을
그때는 왜 그리 지울 수 없었는지
미운 사람 고마운 사람 부딪긴 시간들
상처는 상처대로 은혜에 미안함은 어떻게 해야 하나

넘기는 달력마다 꼭 하나씩 있는 날
세월은 그 기억을 덮을 수 없었는지
딛어 가야 하는 길 어느 길이 놓일까
걸어온 길 여기까지 누가 나를 어디로 데려가나

친정집

나 자란 우리 집
초가지붕 엄마의 집
봄날에 여름날
가을이면 도토리
밤 줍던 우리 집

바구니 들고 문밖 나서면
누가 부는 휘바람 소리일까
봄 언덕 오르는 길 그 하얀 찔레꽃
여름날 뜨락에 빨간 봉숭아

이제 모두 꿈 속으로 가버린 날
나 숨어보던 동네 오빠들
데려가겠다는 기와집 할머니
그렇게 그 시절 찔레꽃 따라갔나

배불 떼기 새색시
여기의 나 누구인가
울면서 자른 머리
우물둥치 운명의 길

부르는 이 없어 이름 지워지고
설한에 시려운 손 집에서도 그랬나
몸 풀면 이 집의 누구 어멈 될까
친정 엄마 기다림에 눈물 감춘다

그리움의 기억

사진 들춰 찾아보는
우리 아름다웠던 날
그렇게 우리는 행복했었지
산으로 바다로 추억도 있었고

처음 만나 수줍었던 날
누가 먼저 무엇을 말했지
서로의 망설임에 바라보던 눈
떨리는 한마디 누가 먼저 말했나

새소리 들리는 그 오솔길
길가에 예쁜꽃도 많았었는데
무뎌진 그리움에 떠오르는 기억들
사진 속 추억의 길 빛바래간다

안개의 바다

아침 안개 자욱이
내 고향 서쪽 바다
들려오는 파도 소리
짙은 안개 걷는다

갈매기 그 갈매기
어디쯤서 울고 있나
들리는 뱃고동
적막의 섬 깨운다

이 안개 걷히면
꿈의 섬이 보일까
그곳에서 보는 이곳
여기 이곳도 가렸겠지

안개가 가린 바다
그 안개에 숨은 파도
저녁이면 오늘도
노을빛에 젖어 들까

하얀 파도

바라보는 저 먼 섬
그 하얀 날을 기억 하는지
기억의 파도 밀려와 부서지고
소라 조개 껍데기 다시 묻는다

겨울 양식

기와집 마루에는 쌀가마니가 쌓였는데
초가의 우리 광에는 냉기만 가득하다
독마다 두드리면 날카로운 소리
그 투박한 소리를 어느 독에서 들을까
걸려 있는 쳇바퀴 먼지 앉은 거미줄
바람 썰렁하니 설한의 마음 조인다

김칫독에 선달 김치 얼마나 갈까
한겨울의 기와집 바구미 즐겁다
나무 광 옆 김치 광 김치 광 앞 무 구덩이
쌓인 눈 헤쳐가며 김치푸러 다니는 길
광 안의 쌀독 소리 밑으로 내려가나
김치 광 김칫독에 국물만 남는다

보릿고개의 밤

웃음 없는 우리 엄마
방물장수 들려간지 며칠 전부터인가
엄마는 웃음 잃고 누나 옷만 챙긴다
서랍 뒤져 꺼내놓고 빨래 거둬 개어놓고
작은 보따리에 누나 옷 누나의 운명인가

사나흘 뒤 서울 아줌마 따라 서울 가는 누나의 모습
기억의 그 뒷모습 오랜 시간이 흘러도 흐려지지 않는다
형아는 소 장수 아저씨가 부자집에 데려다 준다 했고
나는 무당의 시형 아들로 밥 세끼니 얻어 먹어라
우리 엄마 손 잡고 무당 엄마네로 보내졌다

양지의 과거

평생을 쫓아다닌 이 나의 그림자
나의 그림자에게 옛날을 묻는다
웃음 반 눈물 반 무엇을 물어볼까
아니 눈물이 더 많았던 날
나 어디서 무엇을 하였지
이 자리에 있기까지 어느 길을 걸었고
웃음이 있던 날에 즐거웠기만 했을까
구름 흘러가듯 떠나버린 세월
길 아닌 길 딛어 돌아가야 했던 그날인가
이제 다 잊으련다 이 아무릴 상처 위해

파도의 섬

두꺼비집 지으려
모래 모아 쌓으면
틀어진 바지가랭이에
xx 나오는 줄 모르고

쌓아놓은 모래성 밖
조개껍데기 주우면
밀려오는 파도 소리
엄마 온다 철썩인다

바라보는 엄마의 섬
우리 엄마 언제 오나
허리 굽힌 가랭이 밑
엄마 오나 들여다본다

섣달의 마음

날 가까워지는 줄 모르고 기다리는 마음
섣달 그믐 초하루면 다들 모이겠지
저놈의 손주놈들 뭐 그리도 좋은가
끝으로 막둥이 왠종일 보채대고
큰놈들 옷 사달라 투정하며 졸라대네
쌀 말이나 퍼 내야 설쉘 것인데
쌀독에 쌀은 얼마나 있는지
큰일에 쓰고나면 봄 양식이 모자랄 것인데

어멈은 이 시할미 마음을 알고나 있는지
뭔 말을하면 참견한다 싫어 할 것이고
말을 해야 하나 아니면 그만둘까
밭떼기 하고 논 마지기나 부쳐 먹던 것
초하루 지나 보름이면 또 얻어야 할 것인데
아범은 그 논 마지기를 더 부쳐 먹을 것인지
하루 한 달 다른 몸 눈 쌓여 못 나가니
끼고 앉은 화롯불만 식어 가는구나

초가의 편지

친구야
어디서 어떻게
무엇하며 사는지
비교에 속지 말고
이 세월 믿지마라
지난 세월이 그렇듯
거짓쟁이 세월이
우리를 이렇게 만들었잖니
많이 배웠다는 나
비교에 속았어
채워본 욕심의 것도
세월에게 속았고
남은 시간 앞에서도
있고 없고 잘나고 못났다더냐
내 소문 듣고 끊긴 연락
그래서 끊긴 것은 아니겠지
네 앞에 무엇이 있고 없고
많이 배워 잘났겠니
속이는 줄 모르고 속아 살았어
모두가 그때만 못해

나를 멀리 해주려 끊은 연락이 아닌지
알고보니 다 속았어
마주 하는 사람도
지나치는 사람도
우리 놀던 우리 동네
고향 이웃만이나 할까
꽃잎도 다르고
웃음 속에 겉이 있어
이것이 타향이고 인심이더냐
친구야 다시 돌아 가고 싶구나
앞 개울 징검다리
봇도랑에 고기 가재
아직 그대로 남아 있겠지
그 지나친 들꽃들도
그렇게 피어 있겠지
보리밭 수수밭 뒷동산에 보름달
성냥 훔쳐 불놓고 썰매 타던 곳은 어떻고
친구야 남은 시간 앞에 고개 숙여지는구나
이제와 그 속아온 잘못 어떻게 하겠니
다시 돌아가고파라 너와 내가 놀던 곳

친구야 기억이란 말이 부끄럽구나
나 잊지 않았겠지
너와 내가 울고 웃던 그 시절처럼
……

겨울 기슭

눈 녹은 양지
나뭇가지 따뜻하고
쌓인 눈의 음지
노루바위 춥다

할머니의 책

선달의 할머니
우리 할머니
우리 할머니는
먹을 것이 많다

생각 중 마련한
화롯불 가득 담고
창호지 문밖으로
마실꾼 기다린다

이야기책 콩쥐팥쥐
심봉사의 심청전
구성진 할머니의 목소리
어느 아줌마가 안 올까

섣달의 밤

저녁 군불 불꽃에 눈물 나오고
이웃 굴뚝 모락모락
저녁연기에 서롭다
죽 한 그릇에 잠드는 밤
점심은 있었겠나

짧은 낮의 긴긴밤
그 새벽 동터오니
아침밥 보리꽁뎅이
건너 뛰는 점심인가
초저녁 죽 한 그릇에 긴긴 밤 허기진다

정월의 슬픔

기쁨과 슬픔이 오가는 정월
놀이 많은 초하루에 보름날이 있고
나무광 나무 가득 장작더미 높아라
먹을 것에 조청 엿 식혜에 강정이 있다
술 가득 술 항아리 장독대
빈 항아리에 돼지고기는 없었겠나

마실꾼 이집 저집 뉘집 들려 한 잔할까
큰 기침의 어른들 인사하러 다니고
즐거워도 두서너 집 인생을 배우는 아이들
끼니에 끊긴 연기 부족함을 가르치니
그 인생 배우느라 보이질 않는다

그믐의 기쁨

기다림의 그믐 저녁 기울던 해 떨어지고
설날의 즐거움 방으로 들어온다
새로운 전깃불에 마루 방 밝은 밤
김 서린 부엌에 며느리들 수다인가
둘러 앉은 식구들 화투 놀이에 즐겁다

대견스레 바라보는 할머니의 식구들
칭얼대는 막내 손주 무엇으로 달래어보나
먹을 것 줘도 싫고 놀이하자 얼러도 않되고
이것 저것 다 싫다 칭얼대는 막내 손주
안 그런 척 용돈 얻어 할머니 품에 안긴다

• 2부 •

그리움의 설

친구야
가버린 너와 나의 설 그 설 떠나더니 이제 안 와
뻥튀기 아저씨 따라 멀리 떠난나봐
쭈빗쭈빗대던 그 방앗간도 흔적이 없고
모두 떠난 자리에 네 모습만 남아 있어

가래떡 떼어 담았던 정
네 뻥튀기 그 한 줌에 흐르는 눈물이고
주머니에 넣어 먼지 털어 먹었던 떡은 안 그랬나
뻥튀기에는 먼지가 없었는지 모래만 씹혔고
친구야 너와 나의 그 설 잊지 않았겠지

고향의 목소리

세월 따라 가버린 고향의 목소리
지워진 고향의 소리 다시 듣는다
가축과 함께 했던 우리의 그 시절
그 가축 누가 어떻게 불렀나

텃밭 채소 망치는 집 나간 나들이 닭
저녁 모이 주느라 달걀 꿈에 부르는 소리
할머니 모이 통 들고 고~고~고~고~ 불렀고
보이지 않는 문간의 개 월이 월이라 불렀다

논 밭 갈이 쟁기질에 소 모는 소리
어서 빨리 일 끝내고 집에 들어가자
이려 이려 높고 낮은 아버지의 목소리였고
안 보이는 송아지는 네어미 네어미로 불러 어미 품에 안겨 주었다

돼지는 무어라 어떻게 불렀을까
우리 안에 갇혔으니 그릇 소리를 들려 주었고
끈 매어놓은 염소는 제 울음 흉내로 불러 주었다

밤 손님의 고양이 방 안으로 들어오라 나비야 나비야

우마차 말마차 꽤 많은 말 모는 소리
고집에 아집 트집 잘못해도 잘한다
달래고 구스르며 오라 ~ 오라 ~ 하며 토닥였고
사람은 화가난 할머니가 누나를 언년이라 목이 터져라 불렀다

고향 하늘

버리고 떠난 고향인데
무엇이 그리워 고향 하늘 바라보나
그렇게 버렸어도 잊혀지지 않는것인지

이리저리 둘러보며
마지막 떠나던 날
며칠 전 굳힌 마음
마루턱에 내려놓고

개울 건너 파란 들 함께 놀던 동무들
석양에 일어서며 모두 지웠다

가랑잎의 달

저무는 인생
여기서 더 저물날이 며칠이 되겠나
뼈마디에 바람들어 쑤시고 아픈데

그래도 지는 해는 내일이 있고
낙화된 꽃이라도 다음 철이 있것만
인생은 그렇게 한 번 가면 그만인 것인지

춤추며 노래 하니 봄버들만이나 할까
울고 웃어본들 저 철새만이나 할까
밤과 낮이 바꿔가며 시간 빼앗는 줄 모르는 인생

올려본 달 안에 무엇이 있어 이 마음 빼앗나
그 마저 가린 구름 잠들라 하는구나
눈감아 모은 마음 어디에 두고 감을까

뚝방의 밤

휘영한 달빛 봇물에 내려앉고
보리밭 위 보름달 그리움 달랜다
어스름이 보일듯 밤 보리 눕는 밤
적막의 하모니카 누가 저리 불어대나

소문에 듣는 오빠 그 오빠의 밤일까
숨어 듣는 하모니카 소리 바람에 실려오고
들어오는 앞산 구름 저 달 가리면 어쩌나
설레임의 하모니카 달빛에 젖는다

봄꽃의 일기

보릿고개의 먼 옛날
고향의 그 꽃을 어찌 잊을까

장독대에 흰 매화 할머니의 꽃
바라보는 할머니 그 세월 묻었고
그 담 밑 파란 난꽃 피우기까지
어머니 오가며 그 눈길 못 떼었다
울 밑 개나리 앞산 자락 진달래
소꿉놀이 우리들 가슴에 담은 꽃

들녘 일에 바라보는 복숭아 살구꽃은
우리 동네 꽃동네 누렁이 소의 기억이었다
미나리 뜯으러 가는 길 노란 민들레
언니의 바구니에 달래 냉이만 들었겠나
꽃 없어도 닿은 개울 파란 미나리의 둑
그 돋아난 미나리 찔레꽃에 숨었다

흔적의 꿈

우리 사랑 먼 훗날
잊지 않았겠지
우리 그 바닷가
나 여기에 와있어

산으로 바다로
우리 행복 했던 날
그 계곡 징검다리
두드리지 않았고

둘만이 찾은 바다
백사장의 발자국
둘이는 그 발자국
영원하리라 믿었지

민족의 한

곱게 물든 가을 단풍
남으로 내려오고
따뜻한 남쪽의 봄
북으로 올라간다

바라보는 두만강
그날의 낙동강
백두산 한라산
우리 민족 무엇하나

구름의 땅

산 넘고 강 건너
안 간 곳이 어디 있나
바닷길 금강산
아니 갈 곳 어디에 있고

보는 이 쉬어가라
내쉴 곳 있는 땅
밤이어도 낮이어도
가야 하는 땅인데

독도의 반달

찾는 이 없었고
이름도 흐렸다
흐린 이름이어도
찾는 이 없었다

지도의 점 하나
부끄러운 애국심
독도는 조상의 땅
언제부터 알았나

미닫이의 설

누가 오나 일어날 힘 없고
흔들리는 문소리 그 세월 접는다

바람의 저녁 나절
누가 찾을 집인가
바닥난 냉수 사발
꺼져가는 화롯불

끌리는 몸 나가본들
누가 있어 밥을 하고
아궁이에 불집힌들
어느 누가 찾을 건가

팔자에 없는 자식 찔레꽃에 속은 세월
베게말 흰 머리 친정 찾아 나선다

송기(松肌)의 봄

친구야!
우리의 시절
부족했던 날
너는 낫들고
나는 삽들고
우리 간곳이
그 산이었나
길고긴 고개
그 보릿고개
뒷산길 언덕
소나무 잘라
송기먹던 날
껍질 벗기면
그리 하얀지
훑아 먹으면
아주 달았고
내려오는 길
봇도랑 길가
삐레기 뽑아
껌으로 씹고

야산 오르며
케던 칡뿌리
그알칡 한입
그것도 제맛
맛이 있었지
앞산 진달래
울밑 개나리
진달래 송이
한입의 그맛
그것도 제맛
허기 채웠고
개나리 울밑
황새 냉이들
그 뿌리달콤
입에 흙묻고
간곳 또있나
먹을 것찾아
또 어디갔지
기와집 담밑
그곳 생각나

그 돼지감자
몰래 케던곳
허기의 추억
가버린 옛날
잊혀진 그날
봄이면 또와
길다는 고개
그 보릿고개
친구야 나나
여기에 있어
그옛날 담밑
너와 있던곳

봄 구름

작년 봄 저 구름
어디 갔다 돌아오나
꽃구름 되어
들녘에 내려앉고
보리밭 봄바람
바구니에 담긴다

나물캐는 처녀들
진달래 꺾는 아이들
바구니 안 봄바람
저 꽃구름 잡아줄까
개울 건너 미나리밭
봄처녀 기다린다

다케시마

빼앗길 독도에도
남과 북이 있는가

일본도 독도의 날
남과 북도 독도의 날

형제끼리 싸우다
우리 독도 빼앗길라

통일이여 어서 오라
통일이여오라

구름의 설

하늘의 흰 구름 밟는 땅 새롭고
높은 산 낮은 산 높은 산만 보인다
굽어 흐르는 물놀이에 돌 던지던 냇가
그 냇가에 버드나무 앉아 놀던 소꿉 바위
이제 못 보는 추억의 그림인가

어떻게 이리 다 지워질 수 있나
소 몰고 다니던 큰 길로 바뀐 길
냇가 한 귀퉁이 오르내린 느티나무
먹었던 물놀이의 물 다슬기 따라 떠났나
버드나무 기다리다 흔적만 남겼다

정월

식구들 모여 초하루 지내고
열나흘 오곡밥에 보름날 소원 빈다
아이들 쥐불놀이에 불깡통 돌리기
어른들 짚불 태워 달맞이에 소원 빌기

다 지난 열엿새에 일만 남은 봄인가
외양간 누렁이 소 되새김질에 즐겁고
캄캄한 광 구석 작년 소쿠리 어디 갔나
굴뚝 뒤에 걸린 호미 언년이 손 기다린다

별

풀잎의 이슬은
밤이어야 앉는가
바람불면 어쩌나
별빛만 바라보네

개미의 언덕

보이는 저 들녘
이 발 딛어 안 다닌 곳이 어디에 있겠나
눈 안에 넣는 곳마다 아련한 먼 세월
그 보릿고개의 봄바람 가슴에 스며들고
논밭 갈이의 누렁이 소 워낭소리 스쳐 간다

파란 보리밭 위 흘러가는 조각 구름
나물바구니 씻는 날 그 보리 나부낄까
떠나버린 버드나무 여기에 언제 오나
냇둑 따라 넝쿨진 그 하얀 찔레꽃
떠났어도 이맘때면 다시 찾는데

달래장

서산에 해 뉘엿뉘엿
저녁연기 오르고
화롯불 된장찌게 아버지 기다린다

들어오는 누렁이 소
지친 하루의 저녁인가
마루 끝 막둥이 배고프다 칭얼댄다

산수유의 기다림

산자락 뽕나무밭
네 오디는 달았는데
절벽의 네 산수유
붉어도 달지 않다

서늘하니 그 신맛에
찌프려지는 얼굴
그 절벽 누가 찾아
네 열매 맛을 볼까

뽕나무 네 검은 오디
탐스런히 달콤한 맛
산자락 네 오디 찾아
뽕나무에 오른다

• 3부 •

졸업의 그늘

만남의 처음도
인연의 그날도
짧다면 짧은 시간
왜 그리 길었던가

마지막 잘가라
돌아서 오는 길
홀로의 졸업식
누가 볼까 부끄럽고

그렇게 다니기를
나 이순간 무엇을 배웠나
다니던 등교길
보이는 곳마다 새롭다

민들레 언덕

달래 냉이 찾아 오르는 언덕
네 노란 민들레 누가 찾을까

봄바람 스며드는 호미 끝 언덕
네 노란 꽃 찾아 누가 다녀 갈까

바구니든 아이들 달려 오는 소리
누가 먼저 너를 찾아 이 언덕에 오를까

흰 구름 머무는 달래 냉이 숨은 언덕
불어오는 봄바람 네 노란 꽃 숨겨줄까

산골 사랑

가로막힌 앞 뒷산
봄바람 불어오고
개울 따라 오르는 봄
버드나무 찾는다

멀디 먼 하늘
구름 따라가는 사랑
봄처녀의 그리움도
저 구름 따라야 하나

보이는 산 하늘 높이
구름 따라가는 사랑
봄처녀 바구니 안
그리움 담긴다

소문의 봄

누가 눕힌 장난이고
안 그랬다 할까
작대기 저어대며
올라오는 할아버지

둑방 넘어 보리밭
누가 눕혔느냐
이집 저집 들어보라
야단하며 올라온다

독도

동해 바다 외로운 섬
우리의 땅 독도여라
울릉 뱃길 이백여리
민족의 땅 독도여라

아 ~ 우리의 땅
백두산서 바라보세

동해 바다 푸른 물결
우리의 땅 독도여라
반만년 그 세월
민족의 땅 독도여라

아 ~ 통일이여
한라산서 바라보세

아가의 봄

코흘리게 우리 아가
바지가랭이 틀어졌네
봄바람 스며들어
더 움추러들었고

뜨락의 아가 친구
까막개미 어디 가나
봄 나들이 까막개미
우리 아가 바라보네

무너진 뜰 냉이 방초
돋아난 민들레
봄 양지 우리 아가
흙 한 줌에 즐겁네

봄바람

봄바람에 실려오는 아이들 노래 소리
고향의 그 노래 다시 듣는다

산자락에 수놓은 울긋불긋 진달래
수수깡 울타리 따라 핀 노란 개나리

보리밭 둑 달래 냉이 얼마나 돋았나
바구니든 봄 처녀 한 걸음 더 내디딘다

냇가의 봄

쌓인 눈에 바람까지 그렇게 춥더니
봄바람 며칠에 얼음 녹아내리고
얼음 밑 흐르던 물 봄 소식 알린다

물 올리는 버드나무의 버들강아지
조금만 더 올리면 비틀려 피리 될까
추억에 젖는 봄 쌍피리도 불었는데

개나리 꺾어 속 비우면 딱총도 되었고
아직은 냇가의 물 손 담그면 시려운 손
더 있으면 달래 냉이 씀바귀도 돋겠지

구름

돌아 보아라
네 흘린 눈물 다시 거둘 수 있는가
기쁨에 웃었어도 그 웃음이 영원할까
저 산 봉우리에 흰 구름 뒤 안 보고 산 넘고
흐르는 강물 또한 다시 거스를 수 없지 않는가

강물 따라 가는 인생 구름 같은 마음
보이는 산마다 밤 낮으로 넘는 인생
소리 들려 바라보면 그 소리도 아니고
흘러 흘러 눈 안에 넣은 것도 내 것이 아니지 않는가
목숨에 매달려 시간에 시달리는 구름 같은 인생

저물녘 떨어진 해 나 어디에서 잠들라 하나
봄날에 여름날 가을 겨울 덮는 밤
덮고도 다 못 덮어 찾은 꿈이 휘젓게 하고
뼈 마디 맞추느라 이리저리 몸 굴리면
닫힌 귀 열리고 뜬눈 몸 일으켜 오늘 어디 가자 하나

봄 언덕

찾는 나물 달래 냉이
어디에 많았었지
돌뿌뎀이 씀바귀는
그런대로 보이는데
찾는 달래 꼭꼭 숨어
보이질 않네

그 작년 봄 이곳에
많았었는데
한 뿌리 캐다보면
그 옆에 모여 있고
모여 있어 또 캐다보면
큰 뿌리에 반가웠지

봄바람 스치는
바구니든 언덕
냉이 찾아 그곳 가면
두서너줌 캘수 있나
돌아서 오는 길 시냇물 졸졸
다 못 채운 바구니 아쉽기만 하네

재너머의 봄

저 안개 걷히면
아지랑이 들어오고
아지랑이 지나가면
흰 구름 떠오겠지

파란 보리밭
개울 건너 버드나무
논밭 갈이 누렁이 소
송아지 부르나

안쪽마을 아이들
진달래 한아름
쉴참의 누렁이 소
송아지 젖 먹인다

복숭아꽃

살던 곳
놀던 곳
초가의 내 고향을 어찌 잊을까

개울 따라 오르며
다슬기 줍던 고향
여름이면 고기 잡아 고무신에 담았고

개울 둑에 올라
앞 동네 바라보면
기와집 울 복숭아꽃 살구꽃도 피었었지

더 멀리 바라보면
파란 청보리 나부꼈고
고요 했던 앞 동네 떠나버린 내 고향

논과 밭 그 파란들
잊지 않고 잃은 것인가
이제야 복숭아꽃 그리움에 피어난다

인생의 봄

왔다 가는 이 세상
한 번으로 가야 하나
누구의 어느 인생을
어떻게 말을 할까

때 맞춤에　는 풀 밑
돋는 풀 자라나니
그 돋는 풀도 그렇게
때 맞춤이 되겠지

저 파란 하늘 조각 구름
봉우리 넘어 안 보인다
양지의 볕 해 기우니
산 그림자 들어오는구나

봄 하늘

저 하늘 흰 구름 어디로 흘러 가나
뒤 따르는 마음 구름 따라 흐르고
새소리에 귀 기우려 세상 이야기 듣는다

멎지 않는 봄바람 보리밭은 지났는가
구름의 그림자 산자락에 머물고
진달래꽃 울긋불긋 이 마음 얹는다

기우는 해 저물어 저녁 바람 맞이 하나
쓸쓸히 저문 저녁 어둠이 가리고
초저녁 소쩍새 초승달 마중 한다

보따리의 봄

보리밭 지나는 길 바라보면 더 멀고
뒤 돌아보는 길 산 모퉁이에 가려진다
이제 누가 나를 볼까 바람났다 하는 말들
누구의 입에서 어떻게 흘러 나온 소문인지
그 소문 맞는 소문 누가 나를 보았을까
아니다 몇몇일 문밖에서 보는 눈들

집안 식구 묻는 말에 더 속일 수 없었고
맞는 소문 내 거짓에 오늘이 그 운명의 장날인가
해질 녘 장터 다리 건너 사랑 찾아 가는 날
개나리 담 산자락 진달래 눈에 아른 지워지니
마디의 보리밭 커다란히 나부끼고
마지막 오는 길 찔레꽃이 바라본다

미투(me too)

좋아서 싫은건지
싫어서 좋은건지

필요해서 좋은건지
좋아해서 필요한지

세월 앞에 부끄럽고
시간 앞에 약속하다

인생 여행

저 보이는 산 흰 구름 어디로 흘러가나
감았다 뜬 눈에 보이지 않는구나
본 것도 많고 들은 소리도 있으련만
어느새 뜬 눈에 산을 넘는구나

흘러 흘러가는 인생 구름 같은 인생
강물에 얹진 세월 닿을 곳이 어디인가
길고도 먼 여행 돌아보면 짧은 세월
이 자리의 나 어디로 가고 있나

세상 밖 나오는 봄 여름 철새 찾는 여름
봄 같은 인생 가을이면 그만인 것을
말 없는 철새 처럼 보고 들은 것이 무엇인가
다 지우고 가야 하는 인생 여정인 것을

빗속의 마음

잃은 날
잊혀진 날
빗물 되어 흐르고
우산 속 마음 옛날을 찾는다

젖은 옷
더 젖으면
그날도 젖어들까
접어든 우산 추억에 젖는다

봄 길

개울 길 멀리
흰 구름 떠가고
바른 양지 돋은 새싹
봄볕에 잠든다

징검다리 건너온
아직은 이른 봄
움 틔우는 봄바람
버드나무 물올리나

먼 겨울 찾아온 봄
물살에 내려앉고
어리는 동그라미
버들강아지 비춰준다

• 4부 •

된장 담그는 날

담 밑에 내미는 난
생명의 봄 알리고
어머니의 옥양목 치마
봄바람에 여미어진다

안방 윗목 겨우내 띄운 메주
거뭇거뭇 끄을린 듯 곰팡이 피어나나
할머니 잔소리에 꺼내는 어머니
우물둥치에 쌓아놓고 짚수세미로 닦는다

작년 가을 빨간 고추에 참숯 찾는 할머니
어머니에게 잔소리 한 번 더 퍼붓는 할머니
그 잔소리에 입 나온 어머니의 얼굴
어느새 해 기울어 장독대에 응달진다

등잔불의 봄

초가 양지 이엉 엮는
할아버지의 모습
들리는 소리라고는
바람에 대문 삐걱
앞산에 꿩 우는 소리

보이는 것은 뭐 있었나
날궂이 하나 올려보는
할아버지의 하늘에
흰 구름 두둥실
먼 산을 넘었고

울 밑 노란 개나리
그러려니 피었던 꽃
앞산 자락 진달래꽃은
볍씨 담궈 못자리 준비 해라
때 알림 밖에 더 알렸나

들녘 멀리 보리밭
앞냇가에 버드나무

조금 더 기다리면 기슭의 찔레꽃
모두가 등잔불 따라 가버린 봄
이제야 그 내음 그 꽃들이 아른댄다

까마귀의 봄

그 잠깐 왔다 가는 것을
떠미는 것인지 끌어가는 것인지
아직은 먼 가을 같은 인생이 것만
저 앞산 까마귀 울음 멎지 않는구나

어느 인생 별다른가 순리에 따를 것을
계절 보고 못 떠나나 백발 보고 못 떠나나
이 봄꽃 지면 부채 쥘날이 며칠인가
알고 있는 저 까마귀 모르는척 나는구나

가슴의 봄

저녁바람 쓸쓸히
움추러드는 몸
보릿고개의 초가 저녁
봄바람 스며든다

개나리 진달래꽃
앞 냇가의 아이들
흩어지는 저녁연기
서러움 달래고

비탈길 나들이 닭
뜨락에서 어슬렁
어머니 닭 모이 뿌려
배고픈 닭 잠재운다

안개의 욕심

욕심보고 끌어안은
네 그릇을 보았느냐
안개에 가린 그릇 안
무엇이 들어 있더냐

담은 그릇 모자라
다른 그릇 찾는 마음
그 마음 숨겨놓고
무엇을 더 얼마나 담을까

넘치는 세월 없고
안 보낼 시간 없다
모으고 모은 욕심
그 그릇에 담을 것을

석양의 봄

저녁 바람불어오니
아이야 울지마라
네 눈물 섞인 바람
저녁상에 올라온다

어제도 그렇게
오늘도 부는 바람
파고드는 그 바람
내일도 분단다

아이야 울지마라
초저녁 밤 길어진다
가슴 찢는 너의 눈물
첫닭울음에 섞일라

일기장의 봄

기억으로 다시 찾는 고향의 봄
어느 것 하나 잊을 수 있을까
어려웠던 그날의 보릿고개인가
못 잊을 미움도 어렴풋이 스쳐간다

혼자만이 느껴보는 처음의 봄
늘 보았던 꽃들이 그렇게 예뻤던지
숨겨온 순정인가 그리움일까
제비꽃 한 송이에도 그리움이 담겨 있었다

어릴때 놀던 동산 좋아했던 아이
그림 같은 보리밭 냇가의 버드나무
가슴에 묻어온 잊어야 할 상처까지
모두가 꽃으로 아련히 피어난다

그 섬

아가 울음 들리는 듯
파도 소리 더 가깝고
들어오는 갈매기
섬 위를 맴돈다

물차 오르는 바닷길
우리 아가 무엇하나
섬 둘레길 달려오는
엄마의 걸음 안 띄어진다

보리밭의 별

보리밭의 이슬은
소쩍새의 것이었고
눕힌 그 자리의 하늘은
사랑의 것이었다

내일이면 여기에
누가 다녀 갔다 소문날까
아무도 모르는 일
서로가 마주 본다

오늘의 일기

엎치락 뒷치락 일어나기에 이르고
그 잠깐 새벽잠에 단몽의 그림 스쳐간다
어렴풋한 기억에 말 할 수 없는 그림들
오늘 또 무슨 일이 놓여지려나
가늠 되는 하루 오늘 하루의 일이 걱정이 되고
훗날을 생각 하면 근심이 앞선다
무엇을 해도 잘 풀리지 않는 세월
큰 욕심도 아니 것만 이렇게 살아야 하는 것인지
지나온 그 세월은 그렇고 그렇다 해도
오늘이 아니라 내일을 안고 살아야 하는 삶
갈 수록 어려운 세상 하루가 저문다

할머니의 봄

몸 끌어 나온 문밖
저 앞 산자락 진달래
때 되면 저렇게 피는 것인가
그 잠깐 지울 날이 며칠이 되겠나
엊그제만해도 그렇게 예뻤는데
이제 그마저 때 맞춤인가 싶구나
하루 한 달 그 세월이 얼마나 길었었나
어느새 허리 굽어 백발이니 말일세

여기 이 집 찾을 무렵 오던 길에 찔레꽃
지금 그곳 찾아가면 그때 처럼 피었을까
빠르다면 빠른 세월
그 세월 다 어떻게 보낸는지
모두가 잃은 기억 괄시 하는 아이들
저 혼자 자랐다 하는 놈들
누가 이 속을 어떻게 헤아려 주겠나
옛 법이 무서워 안 할 수 없는 일들

눈이 오나 비가 오나 그렇게 살았는데
춤추는 봄버들아 이 마음 헤아려 주겠니

청춘의 그날도 지는 꽃의 어제도
보는 하늘의 흰 구름이 다 쓸어 가는구나
이 손바닥만한 뒷문 밖 텃밭
무엇을 얼마나 무슨 씨를 넣어야 하나
상추씨 봉지 시금치씨 꾸러미 옥수수는 그런대로
못 찾는 호박씨 봉지가 이 정신을 흐리는구나

봄 언덕

이리저리 둘러보며
오르는 뒷산 언덕
까치집 앞 까치 짖음
새소리에 즐겁고
이름 모를 돋은 풀 사이
냉이 쑥 눈에 띈다

더러는 씀바귀
찾는 달래 어디에 숨었는지
꿩 우는 소리 메아리치는 언덕
움 돋는 나뭇가지에 흰 구름 걸치고
보이는 두서너 집 개나리 띠 두른다

냇가의 기억

눈 쌓인 겨울날 누가 찾을까
겨울 보낸 봄바람 미나리 깨우고
물올리는 버드나무 아이들 부른다

봇물 찾는 여름날 물놀이의 아이들
반딧불 넘나드는 유화등불의 외로운 밤일까
솜방망이 고기 잡이에 언니들의 목욕 소리 들리는 듯

그렇게 여름 지나 가을 돌아오면
떠밀리는 낙엽마다 징검다리에 모이고
첫서리에 들국화 향기 추운 겨울 부른다

큰어머니

낳은 정 기른 정
기른 정에 큰어머니
오늘 이 봄날
큰어머니의 마음
헤아려 드립니다

보릿고개 넘던 날
그 마음의 큰어머니
밥 가득에 흰 사발
누구의 그릇이
더 컸던가요

검은 밥 휘저으며
숟갈 들고 싸우는 우리들
검고 흰밥에 마음 아프셨지요
큰어머니의 바가지 밥
오늘 이 흰밥 한 숟갈 덜어 드립니다

상여의 봄

떠나는 내이 꽃상여
네 버드나무 바라보지 마라
선소리에 처량하다
내가 듣나 네가 듣나
저 앞 산자락 꽃지면
너는 봄바람에 춤이라도 있으렴만
피는 꽃에 떠나는 나
어디로 간단 말이냐
다음이 있는 너 네 춤 다시 추는날
내 영혼 불러 여기에 보내
그동안 눈 안의 그림 네 춤에 띄우고
귀에 담은 그 소리는 네 자란 이 냇가에
모두 모아 흘려 보내련다
여보게 선소리 꾼 할 말 다 했으니 어서 서두르게
기우는 해에 나 버리면 더 늦을 것이니
떼놓은 정 끊기기 전 어서 가세 서둘러가세

민들레의 추억

지나는 길
네 노란 민들레
네 하얀 그 꽃
어디에 숨었는지

그 옛날 보았던
네 하얀 민들레
더러는 띄엄띄엄
여기저기 보였는데

이제 볼 수 없는
네 꽃이 되었나
노랑나비 그날 처럼
너를 찾지 않는지

여운의 봄

돌아보지 않는 모습
바라볼수록 멀어지고
모를 이름에 그리는 얼굴
뒷 모습에 담는다

한 번쯤 돌아보면
이 모습도 보일 것을
내 모습에 그 모습도
이대로 끝이 될까

볼수록 멀어짐
마음 더 가깝고
개나리 이 돌담 길
여운에 머뭇는다

마음의 고향

실타래에 모아져 풀려가는 시간들
이 시간이 있기까지 좋은 세월만 있었겠나
계절이 그렇듯 왔다 가고 피고 지고
넘는 고비마다 얼마나 힘들었나
그 힘든 시간 보내기를 눈물로 보낸 세월
짧은 줄 모르고 긴줄만 알았다
보내야 하는 하루 한 달도
찢는 달력에서 그 시간을 느꼈다
바라보면 먼 시간 돌아보면 짧은 세월
무엇을 얻어 어디에 채웠나
이 봄 언덕에 피는 꽃 저녁 바람에 시렵다
노을 진 이 언덕 저녁 바람 언제 멎나

남북합동공연

우리는 우리다
우리는 하나다
웃음도 눈물도
손 맞잡은 우정도
한 핏줄 흐르는 피
우리는 우리다

헤어짐의 오늘도
또 만나는 그날도
통일이여 어서오라
우리는 우리다
아쉬워 못 놓은 손
그 뜨거움도 우리다

까치의 봄

정월 보름부터 삭쟁이 물어 나르더니
나무 꼭데기에 둥지를 틀었구나
그렇게 암 숫컷이 부지런 했는데
둥근달 처럼 커다랗게 지었구나

때 맞춤을 어떻게 알고 저리 크게 틀었는지
어느날부터인가 한 마리만 보이는데
낳은 알 품느라 저리 제집 내려보고 있나
번갈아 품는지 궁금하기도 하고

사람은 별다른가 사람도 저럴 것인데
삭쟁이 값 비싸 둥지 못 트는 사람들
이때 저때 다 놓치고 언제 둥지 트나
까치만도 못한 세월 짝 짓기 어렵구나